Emi juega a ser veterinaria. Tiene una tijera, una bata, un maletín, una lupa, un espejo.

Los animales esperan en el jardín.

La jirafa tiene una pata rota,
se lastimó en un agujero.

El gorila está junto al jabalí.

La abeja no puede volar.

Emi mira el reloj.

—Pasa por favor.

La oveja da dos saltos. Pepo sujeta a la oveja. Emi la revisa.

—Beee, beee.

—¡Un piojo! La oveja tiene un piojo en la oreja.

—Pepo, toma el jabón.
Los piojos le tienen miedo
a la espuma —dijo Emi.

La espuma no sirvió.

—¡Tengo ajo! Podemos darle jarabe de ajo. A los piojos no les gusta su olor.

—Pepo, eso no vale, el ajo no es un antipiojos, se usa para alejar a los vampiros.

—¡Tengo una idea!, ¿usamos agua para mojar al piojo? Los piojos no saben nadar.

Agua más jabón terminó en demasiada espuma.

El piojo vio en el pelo de Emi a sus amigos.

—¡Venid a visitarme! Tengo jarabe de ajo. ¡Es genial!

Los piojos dieron un salto mortal.

—¡Viva! ¡Nos vamos a la fiesta de la espuma!

tijera

oreja

espejo

jabón

reloj

oveja

jirafa

piojos

abeja

jabalí

COLECCIÓN LEER MOLA

Aprende a leer con Pepo y Emi.
Vive 25 aventuras diferentes. Suma letras en cada libro
y al completar la colección verás que… **¡leer mola!**

1- Pepo (P)

2- Emi (M)

3- ¿Polo? (L)

4- El oso Suso (S)

5- La diadema de Miau (D)

6- El mono Nuno (N)

7- Animales famosos (F)

8- El estofado está listo (T)

9- La rana René (R)

10- El morro de Rufo (RR)

11- El pantalón del abuelo (B)

12- Viva la nieve (V)

13- ¿Pulga o gigante? (G)

14- La oveja tiene un piojo (J)

15- La carrera (C)

16- Batalla de reyes (LL Y)

17- ¡Qué karaoke! (Q K)

18- Un huevo en el jardín (H)

19- Muchos charcos (CH)

20- Ideas en la cabeza (Z)

21- Una araña en el baño (Ñ)

22- Un show en México (W X)

23- Exploramos el planeta
(BL CL FL GL PL TL)

24- Una sorpresa para Frida
(BR CR DR FR GR PR TR)

25- Un pingüino distinguido
(GUE GUI GÜE GÜI)

Entre nubes y cuentos

9 788412 923544